當無尾熊遇到老虎

認識自己的

天賦特質

CONTENTS | 目錄

CONTENTS｜目錄

▍命運寫在
　每個人的心上

　　印度吠陀經說：「如果一個人40歲時還沒有覺悟，便如同死亡。」我們打開門走出去，是因為知道要去哪裡。我們開車上高速公路，知道要去什麼目的地。然而人生這麼大的旅程，大多數人竟然走了大半輩子，還不知道自己的目的地，豈不是很荒謬。隨波逐流，沒有目標的人生，像一艘沒有羅盤、航海圖，漂流於汪洋中無法靠岸的孤船。

　　我們有幸來此一輩子，應該先想清楚這一生應該怎麼過？

這輩子應該怎麼走？從前兩岸還沒有直航的時代，我超過50次在香港機場轉機要回台灣，對於歸心似箭的我，才懶得理別人要去紐約、倫敦或巴黎。由於我們自己沒有明確的目的地，才會亂羨慕別人要去夏威夷或是大溪地。如果我們清楚知道自己人生的目的地，才懶得理別人高升什麼職位，今年賺了多少億。

明朝無異元來禪師說：「人自出生以來，要疑：生從何來？死向何方？」套用西方的講法就是：「我是誰？我從哪裡來？我要去哪裡？」孔子說：「性相近，習相遠。」我們每個人剛出生時其實相差不大，通過不同的學習，每個人變得不相同。除了個人能力之外，每個人的習性也很不一樣，由於能力、習性不同，所造成的人生之路也變得人人與眾不同。

20年前，我曾在報章雜誌看過人性格的孔雀型、老虎型等分類的說法，覺得將個性分成五類很有意思。後來發現這PDP學說的作者張曼琳很巧的跟我住在同一棟大樓，因此有機會請他替我和溫世仁先生做PDP性向分析，我是個非常了解自己的個性與自己的優缺點的人，我了解自己的能力與個性，有如我知道自己銀行存款簿到底有多少錢一樣精確。PDP的分析結果嚇了我一跳！因為看似毫無關係的60題問卷圈選，所得到的結

果竟然準確得嚇人！

張曼琳跟我解釋說：「雖然問卷的問題乍看起來好像毫無關係，但這是通過400萬個實際個案調查的統計資料庫所做出來的結果，所以才會這麼精準。」

舞出一生華麗，人是矛盾的！既期盼能出列拔萃鶴立雞群，卻又深怕自己與眾不同。每個人都生而與眾不同，每個人都有獨特的一面。

如果我們不發揮自己獨特的一面，而行為習慣價值觀與大家都一樣，卻又期望自己能出類拔萃，這豈不是非常矛盾？我們來這一輩子到底為的是什麼？每天為生活而忙，所為何來？難道我們只能被動的隨著生活的腳步行動？而不能率興唱出自己的生命之歌？隨著內心的節奏、韻律自己獨舞？

我們有幸來此一生，雖然生命難得、人身難得，但大多數人都渾渾噩噩毫無計畫匆匆過此一生。有多少人能在一開始便先想清楚這難得的一生到底應該怎麼過？應該怎麼走？難道非得等到夕陽將盡，我們既將死亡離去之時，才再後悔、懊惱不已？

人生是什麼？人生有什麼目的？相信大多數人都曾在他的人生旅途中，思考過這個「人生大問」！但有多少人真正想通人生問題？然後完完全全依自己正確的想法去實踐自己的一生？

每個人的內心深處都有一塊心靈聖地！每個人都應往自己內心深處尋找屬於自己的那塊淨土。而哪裡才找得到我們內心深處的那塊寂靜淨土？**讀萬卷書不如行萬里路，行萬里路不如閱人無數，閱人無數不如高人點渡，高人點渡不如自己頓悟！**

世間迷信命運，命運是無能者的藉口。命運不寫在臉上、命運不寫在掌上、命運不寫在痣上、**命運不寫在星相上、命運寫在每個人的心上！**每個人當掌握自己的命運，每個人應走出自己的人生之道。

準備得越充足，幸運就越會跟著來。每個人選擇自己的人生之路之前必須先了解自己，了解自己是人生的第一個智慧！如果我們無法真正了解自己，可以做一次PDP性向分析，便有如高人點渡般的分析你的心，讓你了解自我的領導力到底如何？

做對人類有價值的事，
讓我們的生活更有價值

　　21世紀什麼最貴?相信大家都知道，答案是「人才」，但如何知道自己是人才、發現人才、培養人才、創造人才，卻是一個值得大家去探討與重視的課題。

　　接觸到PDP天賦特質系統，是一件令人驚訝而印象深刻的生命歷程，「它」幾乎可以說是改變了我人生方向的一個重要里程碑。回憶民國81年底，在初識張曼琳老師而後的一個星期，當時全公司所有同仁利用大約10多分鐘時間，接受了這項全球權威的PDP天賦特質測試，在測試報告隨即出爐的解析中，所有同仁又驚又喜地認為這麼簡單的60題形容詞，居然可以那麼清楚地描述一個人的天生本質?為何它能說明我的工作角色扮演? 又為何能呈現出「別人眼中的我」? 竟然能透過這3個圖表完整地描述出來！

　　除此之外又提供了我的決策思考模式，工作模式的優弱勢與能量，並將我在工作角色中調整之工作士氣及工作負荷，壓力調適等相關資訊一一洞悉。在接受了這些訓練後，張曼琳老

師及PDP便成為我事業發展的重要夥伴，至今已有24年。

中國人常言：「一命二運三風水，四積德五讀書。」道出人的一生寫照是可以創造出來的，最重要的是如何找出自己獨特的天賦優勢，通常這點反而是一般人經常忽略，也是最困難的。

如果能客觀地對自己的優缺點加以分析運用，懂得「揚長避短並與別人互補」的充分發揮，並在人生舞台上不斷的調整與學習，朝著人生目標邁進, 必能有個美好的人生! 綜觀中外知名的領袖，每個人的個性炯異，出生背景也毫不相同，卻能成就一番事業，都明白的告訴我們「領袖是可以創造的」！

個人從事教育訓練與管理顧問產業已近30年，PDP除了讓我找到自己的天賦並開闊我的人生外，並將自己所悟所學結合人力資源管理的專業與實務，協助了企業與人才，首先找出他們的重要天賦特質，觸動生命的能量並確立自己的定位後，再學習如何對組織發展有效地布局與經營，避免領導者因個人性格作風所產生用人不當或溝通不良的盲點，教導他們如何掌握「適才適所」並學習有效地溝通技巧與激勵，運籌於帷幄之

中，以協助組織的每個人發揮個人所長，並能有效地運用組織內的人力資源共創整體的經營績效。

　　張曼琳老師，是我的貴人，在我事業上給予支持與協助，在此表達我內心真摯的感恩之意。老師亦應用她在產學界具有的豐富資歷與經驗，協助非常多知名跨國企業提供全方位企業經營管理與諮詢輔導，更將自己所學所聞結合世界中外名人的自傳，深入淺出，彙整成冊出書無數，所列舉的事例更是不勝枚舉，其內容更是著名報章雜誌媒體爭相報導的題材。

　　猶記國父孫中山先生的四句話「人盡其才」、「物盡其用」、「地盡其利」、「貨暢其流」。現今有許多企業經營者大嘆人才難尋，員工敬業態度不如往昔，經營不易，事實上，歸納績優的企業經營案例中，即發現擁有一套完整的人力發展政策與運用有效的工具是非常重要的。

　　「唯有不斷奮發向上的員工，才能有不斷成長的企業」，這是我對共好同仁常說的勉勵詞。張曼琳老師對PDP專業的全心投入，一直讓我非常感佩，願藉其再次出書能給讀者們認清與掌握自己的天賦特質，再次觸動生命的能量，展現美好的人

生。僅此祝賀之心,希望本書在付梓之後能帶給人們更多的啟
示與運用。

發自內在的
領導聲音

Brent, Marie與Mac

　　1996年我看了「西點軍校領導魂」，對我啟發很大，於是我在「領導力」這個領域上面，站在巨人肩膀上面，繼續研究開發工作23年之久。我在1983年到1994年期間用美國護照先後進中國觀光了10次，去過北京、西安、南京、上海、杭州、廣州與國父故居翠亨村及福州兩次。從2000年到現在，我每年拜訪大陸約4、5次！我與我老公Mac在2002年曾被邀請到中歐EMBA班與MBA班，以英文講學「領導風格」與「美國PDP系統」，並與學員分享我第一階段對所有重要人物案例的10年研究。我也教導該校忻榕教授PDP認証課程，並將PDP系統「提

升領導力：領導風格，組織行為與團隊的企業文化」的課程內容，放入忻教授的教學架構。我在2011年與忻教授共同出版一本PDP的簡體版著作，書名是《五型領導者》，包含他9年來對該校CEO學員的案例研究。我也先後幾年在該校以PDP為工具，擔任講座「團隊教練」。

　　由2002年至今，我親自體驗與看到大陸的進步，不只經濟上的突飛猛進與質變，也包含所有企業界人士的好學動力。近期在上海舉辦的「2013年PDP人才開發與管理論壇」，看到現場百餘位公司CEO與人資高階主管，一半為中歐的研究畢業生，另一半非中歐的學生，但都有高亢的學習心，至今與會高品質的學員都讓我印象深刻與感動。

　　過去14年，我不僅用PDP「領導力」的整合工具，研究中外成功人物的領導力，也與讀者分享生命教練23年的「內在領導力」經驗。約1973年時，我由台灣去美國留學，先後由外交政治科學研究所與高階主管碩士班畢業，並在美國留學期間創業，35歲時就擁有一個貿易公司與兩個汽車零件製造工廠，底下共300多名員工，由於汽車業為每國的火車頭工業與經濟指標，我除了產品外銷世界五大洲外，也周遊比台灣富強的國家歐美與比台灣落後的國家南美州……等！

　　在28年前，因為台幣對美金升值近40%，我又生病近兩年，就決定在37歲改變自己的生涯事業。我由硬體行業轉到軟

性高知識和高感性的行業，其中包括了我的最愛「教育傳播事業」。經過近兩年的全球市調，我發現美國PDP系統對人自然天賦的特質及精力能量與滿意度…等的了解，最精確也最實用，並且可快速評量結果出來。尤其對企業領導管理工作者了解自己與共事的人有哪些天賦的自然本我優勢，要如何有效溝通激勵與界定工作角色，而能提昇滿意度、降低耗能量與提升績效，落實「知人善任與人盡其才」與提升「領導力」的夢想。因此，我在23年前決定在我的教育傳播事業中，代理PDP系統工具，也由於在第一個外銷汽車零件事業已幫助了我賺足夠的錢，使我可安心不受誘惑，不但可蒐集研究大量的人才特質成功關鍵的資料庫，又可長期以自己最熱情的方式專心研究與教學，並已先後出版實務報告共10本書。這些書包括研究「領導力」與第2階段小部份的「內在領導力」。本書則是根據私領域的相關數據與實際資料庫，全面報導「內在領導力」。

　　在大量的運用「美國PDP領導管理特質系統」過程中，我先要感謝PDP創辦人Bruce Hubby 對我的教導，打下了我對PDP的專業基礎。還有Dr.Ridgeway教導我運用PDP與婚姻搭配對差異特質風格不同的認知與有效溝通，這對40歲才訂婚的我很有效。後來又有曾任南加大統計研究所所長Dr. mike Williamson親自一對一家教，教導我運用PDP在各企業團隊中找出其成功的

內部關鍵成功指標及特質的核心優勢，以及蒐集各產業50萬份歸類不同特質的研究成功指標資料庫，並在講座教學的現場確認和建立行行出狀元的啟發。

這三位教練的教導讓我回台後邀請趨勢大師約翰奈斯比來台演講，辦了一場針對大型企業的未來10年趨勢定

▶ 張曼琳主辦趨勢大師－約翰‧奈思比在台北的第一場2000年大趨勢的演講會

位的講座，有400多位董事長與總經理學員。打出名氣之後，我立即先蒐集中小企業的創業與其班底的人才庫，也蒐集上萬人次各行業協會的人才關鍵特質的資料庫。我並且在頭一年的前十個月內就讓兩家當地產業龍頭的公司大量內部使用PDP領導特質於所有管理者與其管理幹部使用的專案，有一家是營建業的龍頭「大陸工程」，有一家是顧問業的龍頭「中國生產力中心」。第2年起，我就運用此系統協助在台的世界級企業、美國餐飲業第一名T.G..I.Friday或世界級企業、美國餐飲業第一名T.G..I.Friday或世界級，也協助健康與美麗產業屈臣氏由世界

▶ 裕隆汽車創辦人－吳舜文與其公司同仁十位高階主管也參與學習張曼琳於
　1991年主辦「趨勢2000」研討會，包括美僑商會百餘位企業高階主管與台
　灣最高階主管共400餘位參與。

第2名成為該產業第一名。其他世界級企業如花旗銀行、
Philips、嬌生、UPS…等，都大量運用PDP在其內部的管理群。
1994年起，在石滋宜博士領導下，中國生產力中心也引進PDP
系統。我在大中華區運用PDP系統輔導「康師傅」根據PDP領
導特質找了數百位團隊經理人員，來強化康師傅團隊的核心優
勢與未來發展的定位，走向「大企業」的變革發展之路。也因
為石博士以其世界GE高階主管實務與台灣自動化之父的專業聲
譽，肯定PDP系統的價值。至今，在大中華已有數十位夥伴加
入，採用PDP這套輔導企業的工具。

　　我也由於每年都獲得PDP在美國以外全球使用第一名的績效，因此在2002年獲得PDP創辦人Bruce與第二代兒子Brent 的信任，升遷為大中華區(包括台灣、大陸、香港)的PDP總代表即全球合夥人。我個人也在2009年因為研究PDP案例而出的古今中外政經文化傑出人物的八本書，獲得中國婦女會主辦的兩岸四地百位傑出女企業家-中共建國60週年慶「中百傑獎-教育文化獎」。

　　過去13年來，已有數十位中國夥伴接受我的PDP系統Know How 企業核心領導力認證講師訓練，並用來輔導研究所與企業。在大中華地區PDP的「領導力」專業認證講師已有750位，遍佈大陸頂尖500大企業及十幾家研究所。也因為PDP在中國的專業深耕與延續發展，使我有時間再深入研究整理PDP工具的實務應用，並且整合23年的公領域「領導力」與私領域「內在領導力」初步研究，而出了第十本書。

　　我由19歲到64歲的45年間，順著個人內心熱情的聲音，深入研究古今中外不朽人物的傳記，尋找「內在領導力」的典範。也

▶ 曼琳在蘇俄之旅

因此，我又垂直整合40年的學術研究及實務，包括自己40年的企業經營與近30年Dr. Kirsey 人格氣質量表的研究， 還有23年的PDP領導管理整合的行為科學系統工具。透過十幾萬人次案例，PDP 系統可檢驗公領域領導力和私領域滿意度及全面內外一致的「內在領導力」。做太太角色及原生家庭關係做女兒角色均可由PDP 系統來檢驗滿意度耗能量「自我身份認同」與反省，也使我自己個人的婚姻關係更能如倒吃甘蔗的喜悅，也更因此更感激欣賞父母的愛，也消融了對父親的溝通誤會，並建立起來與妹妹弟弟的原生家人的真愛與信任關係。我也將10年期領袖協會的公領域「領導力」研究擴大到私領域的「內在領導力」研究，並將我對「神聖的內在」的體驗落實到生命八大課題的陸續消融。雖然每個人將「內在的聲音」在生活中落實與分享生命的課題都不同，只要每個人有真心誠摯的意願，都可自我發掘「內在領導力」。每個人的神聖內在都遠超過外在所受的現實考驗，我也享受「施比受」有福的體驗，願以此新書分享終身學習的喜悅。

我的熱情與「內在領導力」研究旅程的啟發

想起我在19歲不到的大一暑假，因打工蹽到同樣在工廠工作的中央數學系同學黃立德，因工作需2人一組，每日工廠標

準動作一樣，由於他從小「琴棋書畫與中國古典智慧的書熟悉」，因此建議每日邊分享一本書邊工作，如此不會因單調睡覺被老闆抓到且又不影響工作。我當然很開心，因為我本身是北一女畢業，加上後來

▶ 曼琳為聯合國記者與新聞主任合照

考上淡江大學文理學院，因自由前瞻的學校氛圍，在大一就已看了很多書，而經過這段時間每日一書的交流，使我心門大開，第一次感覺到唸書不是為父母而唸。

到了暑期結束，他得回中壢上課，送了我一本《改變歷史的書》，這是對我一生最重要的一本書，唐斯博士著，彭歌譯，純文學出版。改變歷史的十本書，作者包括潘恩的《常識》、梭羅、馬克斯、牛頓、佛洛德、愛因斯坦……等！至今45年期間這些「古今中外各行各業的不朽人物傳」即成為我的學習與啟發的原動力。

它也對我生命起了質變，高中很喜歡國父說的「要立志做大事，不要做大官。」但我可不願做革命烈士，只想專注做對我有意義的事，不再為父母、老師唸書，要走自己的路，雖然

心中想法還不具體，但很篤定也有勇氣全權擔當，當時我即將
大學畢業，在當時適婚年齡是25歲左右，我便已決定先到美國
留學，環遊世界後才想結婚。

　　1973年到美國紐約市留學，在聖約翰研究所，我主修「中
美關係」與「中國領袖對百姓的命運」(研究毛澤東、孫中
山)，後來1979年進哥倫比亞大學研究「四人幫對中國命運與中
美關係的影響」，其間在1975年，我考上僑光社駐聯合國記
者，因此我減少了課業，每學期只修兩科。當時我還立志當女
大使，因此週末兩天加學「整體美貴族式教學（John Robert
Powers School）」，校友包括美國總統甘乃迪賈桂林夫人、福
特總統夫人、葛麗絲凱麗王妃，此乃訓練西方主流社會的禮儀
穿著與內在美終身學習。結果在年度的聯合國秘書長記者會
中，安排各國使節也進場，我發現中國大使黃華與他的團隊，
進場時氣勢雖氣宇非凡但服裝不講究，當記者的一年得到國內
的年度記者獎，後來還是覺得做自由百姓就好，因此放下女大
使的志向與聯合國記者的兼差工作。

　　1976年底，我將教導整體美的兩位老師請到台灣，以便學
習落實在生活上。但經過兩年多，發覺當時提供「內在美與內
在力量課程」的老師本身言行不一，因而1978年底結束此「教
育事業的投資」，並在年底決定要等待「內在美-內在領導力」
課程完全準備好，再回台開創教育傳播事業。

▶ 曼琳(最左)與美國女參議員(最右)

家庭、事業收挫 喚醒心中最愛的「教育傳播」

　　好在自1974年開始,我的「外銷台灣汽車零件事業」澎渤發展,事業上有台灣家人照顧「後場與執行面」,同時我在美國前線市場得到客戶信賴,因此續單、賺錢也輕易,所以我可以安心研究與學習,外交課老師建議我既然不用擔心錢,可以考慮參選美國參議員,專門貢獻於美中台的和平主軸。

　　我的外銷事業共16年的飛躍成長,我決定在華盛頓最高級外交使節區買房,同時計畫念外交博士班,當時已有兩位政治界人物願意支持我未來選美國參議員,誰知人算不如天算,

「神聖內在」好像在提醒我1978年的內在承諾,且超過我人格面可瞭解的禮物,我生命的試煉正式開始…於35歲購屋期間發現爸爸在未得我同意改了我股份,問不出結果也改不回股份。內心一直壓抑,經過一年多,37歲得了憂鬱症,且病情時好時壞,得靠吃鎮定劑與安眠藥。醫生建議我「留得青山在,不怕沒柴燒」,1988年,39歲的我,告別自己創立的事業,只做股東,其餘留給家人經營。

　　我在紐約市休息三個月後,去找我的客戶Magna總裁特允(Magna是加拿大當時最大的全球汽車引擎廠及原創設計ODM及OEM的工廠),參與其40多家工廠總經理的「領導力開發」學習。第一課上的是公司願景使命憲法,第二課「找對人、做對事」,是用心理學的領導特質系統工具,由於我個人1985年即深入與演練榮格(瑞士心理學家、精神科醫師)的幾千個案例,喚醒了我想要從事的下一波事業「教育傳播」,一來是實現自己1978年的自我承諾,二來想要回台灣,與父親一起把「跌倒、卡住真愛的原生家庭功課」修好。

▶ 曼琳(最右)、媽媽(最左)及Magna(中)總裁合照

專注全力以赴　投資「美國 PDP 領導特質」

我一回台就將華盛頓豪宅賣了，全投資在使用「美國PDP領導特質」的國內第一期研發案例。當時在美國除了有10家研究所使用外，凡大的連鎖飯店及美國財星頂尖500大都有在用，加上我又學了「美國PDP的成功指標」案例，也看了美國50萬個對不同行業成功個性特質資料庫，因此非常信任，至今23年來，在大中華區近50萬人次做過，我個人也有10幾萬人次包括近2萬人次的研發。

回台第一年，在救國團主辦的活動上，有對全省高中領導學生抽樣數十位；後來1993年至2001年，因司徒達賢邀約一起於政大擔任客座講師，針對企業家班與MBA數百位上課學員做特質診斷，從中發現學員「個人自然本我及領導角色都有一致性」，會創業與會唸書的人個性特質大不同，因此真的要了解自己的內在聲音與內在領導力，來找到生命的目的與熱情有趣的生活。

美國PDP在大中華區除世界頂尖500強與大陸500大企業使用外，繼1993年到2001年先後在政大MBA班，企業家班與台北大學EMBA有PDP的領導風格講座後；2002年起瑞士洛桑、香港科大與中歐的EMBA與MBA這些世界級頂尖研究所都有加入PDP系統教學在「領導風格」正式課程內，另外大陸名校

EMBA班與總裁班如長江商學院、清華大學(北京、深圳)、上海交大、四川大學MBA班、廣西大學EMBA班及電子科技大學MBA班..等10所已將PDP加入研究所的課程內正式使用，美國地區也有10家研究所使用。

　　目前國內因出書訪問或媒體專欄訪問，已做過「美國PDP領導管理特質系統」研發的名人案例如下：

政治菁英：朱惠良、李慶安、林義雄、呂秀蓮、施明德、馬英九、許信良、張俊雄、黃大洲、陳立夫、陳水扁、郝柏村、趙耀東、沈智慧與109位立法委員

經濟菁英：大前研一、王文洋、石滋宜、徐旭東、施振榮、殷琪、張建邦、胡定吾、黃茂雄、陳盛沺

文化菁英：王清峰、李鐘桂、朱德庸、李建復、金惟純、殷允芃、曹又方、范可欽、聖嚴法師、蔡志忠、鄭淑敏、葉樹珊、郭吉仁、鄭村棋、司徒達賢

　　除對上述人物的研究外，2004年，我們也經由1111人力銀行的協助，與蔡豪立委和范可欽先生策劃共同完成台灣最大111位藍綠立委領導風格資料庫大調查。

1

認識你的
天賦特質

名人嘉言

英國戲劇家莎士比亞在其劇本《皆大歡喜》中寫道：「全世界是一個舞台，所有的男人和女人都是演員，他們各有自己的進口與出口，一個人在一生中扮演許多角色。」

 個性決定命運

　　人們，是想了解未來，但卻往往沒去了解自己。要了解自己，不外就是了解自己的人格特質。

　　不論工作、事業、家庭、婚期，甚至是人際溝通或理財操作，了解自己都是最重要的一件事。才知道自己的強項、弱項與優缺點，也才能產生自信心。人對人如果沒有安全感，便使人產生信心危機，否定自己，甚至問題還會蔓延到下一代，影響不可說不大。

　　很多人都會發現，為什麼自己拿定主意或與人溝通，個性有那麼大的差異，面對這種差異，無法察覺，睜一隻眼閉一隻眼，便身陷永無止境的風波中，失敗如影隨形，成功離你越來越遠。

　　在婚姻生活中也是如此，每一個人對對方都有很高的期許而期許本身已帶來很多潛伏的壓力，期許對方符合自己的生活、行為準則、期許對方在自己的安全容忍範圍中去做任何事；如果發現對方表現不如自己預期的，在嘗試改變對方而無法如意時，挫折、失望等情緒就會慢慢發酵，甚至一發不可收

名人嘉言

鄧小平說：「善於發現人才，團結人才，使用人才，是領導者成熟的主要標誌之一。」

拾，引發一場惱人的夫妻戰爭。

　　每一個人都有自己的個性特質，這是不容否認的事實，因此如果要求別人完全符合自己的期許或要求，不但不合情理，也不符合人性發展原則。

　　如果能明確認知這種個性差異的正常面，對別人甚至對自己的期望值就不會訂得太高。除此外，更重要的是，要認清自己是什麼樣的人格特質，追求的是什麼，以及對方的個性特質和自己的差異點在那裡，人際互動模式才會有正面的存在。

　　透過美國成功特質分析系統的診斷，人除了可以明確的認知道自己是屬於哪一族群，了解自己本質上是具有那些個性特質之外，還可以了解世間的其他族群的個性特質。唯有透過真正的了解，才能有真心的欣賞、包容與諒解，也才能避開人際與自我誤解與紛爭。

每個人都是獨特優越的

　　每一個人的人格特質都不一樣,每個特質均有其價值、優勢與在世界上的獨特位置。

　　美國領導管理特質系統PDP (Professional Dynametric Programs),PDP是一門測量每個人天賦特質的行為科學領導管理整合工具,它將人格特質的四個面向-支配性、表達性、耐心性、精確性四個性格特質,做主要的測量標準,將人格特質、天賦才能分成五大類型,分別是高支配性的老虎型、高表達性的孔雀型、高耐心性的無尾熊型、高精確性的貓頭鷹型,以及高整合性的變色龍型。

人的四種特性的模式

　　你是什麼樣的人？美國領導管理特質系統 PDP，將個人特質劃分為五種類型，再分別以一種典型動物來代表，得出老虎、孔雀、無尾熊、貓頭鷹、變色龍共五大類型。透過簡單的 60 題可以精確得知個人類型與角色扮演等，但看以下圖表，也可以大致猜測，知道你的性格特質落在哪裡：

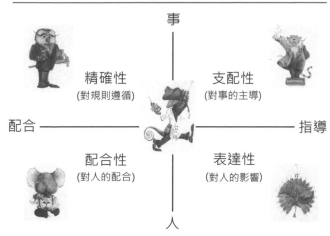

人的四種特性的模式

事

精確性
(對規則遵循)

支配性
(對事的主導)

配合 ——————————————— 指導

配合性
(對人的配合)

表達性
(對人的影響)

人

名人嘉言

孫中山說：「人既盡其才，則百事俱
舉；百事舉發，則富強不足謀也。」

了解自己是哪一類型

　　各有各的天賦才能與行為傾向，四種人格特性，你是偏向哪一型？如果透過美國PDP領導特質測量，只要在5分鐘內，你可以更精準了解。但就文字來看，你可以自我檢視一下，你應該是偏向何者？

五種人格特質的描述分別如下：

高支配性	競爭的、切中核心、掌控與權威、冒險者與主導的
高表達性	説服力強的、組織的建構者、熱情的、激勵的 善於交際的、同理心的
高耐心性	堅持的、周全的、可依賴的、合作的、和諧的
高精確性	程序的、有系統的、精密準確的 忠誠度的（對遊戲規則）
高整合性	變通的、不定的、擅長因應危機與變局

⊙ 一吼天下驚，百獸之王的
——老虎型領袖

　　老虎型特質佔人口比例15％，且為先驅導航型的人，支配性高、對周遭環境採取主動、控制慾強、創新、冒險、決策力高、發號司令。

　　老虎型領袖人物：如華盛頓、鄧小平、毛澤東、居禮夫人、「鐵娘子」柴契爾夫人、宋美齡、賈伯斯、比爾蓋茲、巴菲特、兒童教育先驅蒙特梭利、聖女貞德、希拉蕊、賈桂琳、海倫凱勒、武則天、俄國女皇凱莎琳、兵法家－孫子、法家－韓非子、魏徵、漫畫思想家蔡志忠等都具有老虎特質，他們在科學、政治、教育等不同領域都有不同的建樹。

支配型
競爭的、切中核心 掌控與權威、冒險者與主導的

要
挑戰、權威，權力 直接回答、底線結果

不要
外部控制 不被干擾

說話方式
直接、權威 主導權、直接面質 言談率直

傾聽方式
要具體，直接訊息 不喜歡重覆同樣的細節 喜創新， 有解決問題的思維

⊙ 愛現愛說、人群明星的 ——孔雀型領袖

　　孔雀型特質：此特質佔人口比例15%，也是另一種先驅型的人，高表達性、外向，善於交際，表達無礙、交友廣闊，注重人際關係、性格和善愉快、同理心強、與高感性外表絢麗的孔雀一向為眾人讚賞的焦點，身為孔雀型人物的領導者也多以出色言談、風度、熱情洋溢態度，在世人心中留下深刻的印象；而同理心甚高、也較突出的孔雀型人物，十分適合從事人際導向的工作，尤其在一個推動新思維、需要大家認同的時刻與環境中，表達性高的孔雀族群非常易於脫穎而出，成為登高一呼的領袖。

　　孫中山先生、美國總統－雷根及柯林頓與歐巴馬總統、教育思想家－孔子、世界第一夫人羅斯福夫人、英國的黛安娜王妃、巨星奧黛莉赫本即是代表性人物。

表達型

説服力強的、組織的建構者
熱情的，激勵的
善於交際的，同理心的

要	不要
認同、聲望 創造機會者 參與團隊作業 喜歡的工作環境	被拒絕 被孤立 不被欣賞

說話方式	傾聽方式
説服力 正面的 明白地説 總是在意他人	需被肯定、回應被認同 不要苛刻或羞辱的言語 對不同觀點與課題需加 以討論，以達到成長

名人嘉言

德雷莎修女：「我們做什麼並不重要，重要的是，我們在工作中注入多少愛。我們能做的不是大事，而是心懷大愛做小事。」

⊙ 平和近人、耐心堅定的
──無尾熊領袖

　　無尾熊型特質：佔人口比例20%，其中大多為「重視紮根與守成」的特質，高耐心、注重和諧、友善平靜、不自私、平易親切、誠懇、可信賴、和諧、很好的聽眾；但只有1%人口為開創先驅。

　　無尾熊是一種溫和遲緩、友善和平的動物，和支配性高的老虎型比照之下，似乎較不易成為統領的領袖，但研究中外歷史，身為無尾熊型的領袖卻也不乏其人，而此種領袖正式以其耐心、毅力展現另一種不同的領袖風格，適合帶領中長期的規劃。

　　無尾熊型的領袖人物中，較為著名的便是老子，「曼德拉」的大和解及現任教宗方濟各、蔣經國總統、李安導演與鼓吹不流血革命的印度聖雄「甘地」；相較於多數國家的流血抗爭，「甘地」悲天憫人兼具愛好和平的個性，使他一方面有感

於印度所受不平等待遇而起義，但另一方面卻力推和平作風，以此為通往獨立自由得途徑，而其耐心的特質，也終能在長年平靜抗爭後開花結果。古今中外的知名女性中，德蕾莎修女、宋慶齡、唐太宗的長孫皇后就是典型的無尾熊型女性。他們對生活要求儉約、樸實、簡單，喜歡反璞歸真，無尾熊型其中95%(即佔19%人口)個性傳統而保守，是最佳的內務事務功能管理者。

耐心性型
堅持的、周全的、可依賴的 合作的，和諧的

要	不要
穩定的、避免衝突 可預測的 適當的福利	衝突、不真誠的 突發的壓力 突然的改變

說話方式	傾聽方式
耐心的、容忍的 小心謹慎的 非面質性的 易採觀望的態度	聆聽細節 需要花時間考慮周詳 需要有清楚的 目標與期望

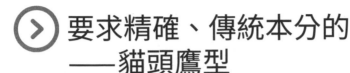 要求精確、傳統本分的 ——貓頭鷹型

　　貓頭鷹型特質：佔人口比例20%，重視紮根守成的特質，高遵奉性、講求精確、要求品質、技術導向、按部就班、傳統、完美主義、拘謹含蓄。

　　最為人所知的便是「包青天」包公與西方的教宗保羅。通常貓頭鷹特性的人物都較為保守，不喜歡變動，多為成功人物身旁的左右手或技術官僚等，雖然較欠缺開創性，但從另一角度來看便是規矩、有原則，講求程序正義的個性，而包青天能不畏強權、為民申冤，這也是他之所以流芳百世的原因。

　　貓頭鷹個性的人因具精益求精的特質，也多屬理性的智慧追求者，固傳統士大夫、現代法官、律師、會計師、精算師、建築師、醫師等需要高專業、高知識、高精確度的職務，或專業事務所等主管多見此種特質的人，開創度相對較為不高。

名人嘉言

愛因斯坦說：「成功常常不是取決於起始點，成功常常取決於轉折點上。」

　　葛莉絲凱莉是貓頭鷹型女性；日本民族是很典型的貓頭鷹型民族，尤其是明治天皇皇后的花道、茶道等更是澈底的發揮貓頭鷹特質，而日本人的太太也大多在扮演貓頭鷹的角色，在家事處理的一絲不苟就是最好的明證。

精確型

程序的、有系統的
精密準確的
忠誠度的（對遊戲規則）

要

重結構、精確的
安全的
有根據的制度

不要

不合理的批評
高風險的行動

說話方式

小心的
關注的
重細節的
認真正經的

傾聽方式

需要清楚具體的方向
需要被尊重與真誠讚美
較喜歡有書面的引導，
且隨時告知現狀

名人嘉言

呂不韋說：「得十良馬，不如得一伯樂。」

⊙ 天生多變、適應力強的
——變色龍型領袖

變色龍型特質：佔人口比例30%，中間特質，極具適應力、協調性及配合度皆高、性情中庸、沒有原則便是其最高原則、迴避衝突、計畫周詳、是天生的外交家。

變色龍一如其名，其迅速反應外在變化的特質最為人稱道，而具變色龍型特質的領導者也具備了極具適應力、生存力、韌性高的特質，在團體中頗具整合能力，同時又具無我的精神，通常以迴避正面衝突為其最高準則，可說是天生的外交家，中國歷史上著名的諸葛亮、劉伯溫、張良、范增與美國總統老布希、卡特總統皆屬此等人。

同為老虎型的變色龍助手－毛澤東的副手周恩來與尼克森的親信季辛吉相較之下便屬高開創性的變色龍，這種類型的變色龍通常較需開創性也高的領導者才能將其推動。李登輝時期，派到香港與大陸談判的密使鄭淑敏女士，與當時唯一鬥贏

名人嘉言

愛因斯坦：「我們的教育系統：每個人都是天才，但是如果你用爬樹的能力來判斷一條魚，它將終其一生覺得自己是個笨蛋。」

李登輝而有辣妹之稱的救國團主任李鍾桂女士都為整合型人物。

　　變色龍型的人格描述及要與不要，說話方式及傾聽方式，則為兼具前述四種類型的二項，具有高度的彈性與資源整合能力。

整合型
彈性的、變通的、不定的 擅長周旋危機與變局

要	
支配型高	要挑戰
表達型高	要說服
耐心型高	要堅持
精確型高	要程序

不要	
支配型高	不要控制
表達型高	不要拒絕
耐心型高	不要衝突
精確型高	不要風險

說話方式	
支配型高	要直接
表達型高	要說服
耐心型高	要耐心
精確型高	要小心

傾聽方式	
支配型高	要具體
表達型高	要肯定
耐心型高	要聆聽
精確型高	要清楚

＊整合型兼具二種強烈特質，以無較強行為特質為行為特性。

2

在工作中
展現才能、
發展自我

❯ 人人都有天賦奇才，也有先天盲點

　　以老虎族群與貓頭鷹族群來說，夫妻如果是這種族群的組合，以目標為導向，胸懷大志的老虎會嫌貓頭鷹凡事瞻前顧後，吹毛求疵，太過挑剔，生活上的紛爭就因為個性特質的不同而源源不絕的出現。如果透過了解與欣賞，事實上這兩種類型的人可以在生活或事業上產生的互補作用，問題就可以消弭於無形，甚至可以減少很多離婚的風險。

　　兩性婚姻常因了解不清而導致問題重重，親子問題又何嘗不是如此。

　　生兒育女過程中，最殘酷的現實莫過於：孩子的個性不能照父母的期望來計畫打造。而偏偏很多父母對孩子都抱持既定的期許，一旦孩子的表現不在自己的期許中，父母往往會把自己的主觀認定強加在孩子身上，弄得親子關係緊張異常，親子問題就層出不窮，對兒女的佔有慾太強也為痛苦壓力的來源。中國古人說「兒孫自有兒孫福」，盡其在我，乃為我們的本

份。

　　以老虎族群的父母來說，如果孩子是具無尾熊或貓頭鷹特
質，孩子的壓力就會很大，因為在父母的期望標準中，孩子細
心、善良、溫和的表現可能就變成溫吞、懶惰、不長進等負面
的評價。父母如果能夠了解孩子的個性特質，學習尊重、欣賞
孩子與自己不一樣的地方，並適合他們的方式來引導他們，親
子的問題才有可能解決，孩子也才不會在成長過程中就面對太
多的壓力與挫折。

　　兩性關係也好，親子關係也罷，人與人相處，沒有一定的
規則可循，避免人際的壓力與紛爭，唯一的法寶就是了解人
──了解自己，也要了解別人。

　　了解自己與了解別人的方法和途徑很多，拿別人做為參考
的鏡子可以讓自己透視人的視野更加寬廣，這也就是我們分析
古今中外名人的個性特質的最大目的。

　　今天我們以老虎、孔雀、無尾熊、貓頭鷹、變色龍來解析
人的特質屬性，很多人會疑惑：看起來十分複雜的人可以用五
種類型來簡單分類嗎？其實根據研究，再偉大的人都跳脫不開
五種類型，只是每個人的屬性組合排列不一，從中又可組合變
化出很多的個性型態來。

　　根據國外的150多萬個案與國內4萬多個案例分析結果，老
虎型和孔雀型各占全人口的15%，無尾熊型、貓頭鷹型各占

名人嘉言

蕭伯納：「有信心的人，可以化渺小
為偉大，化平庸為神奇！」

20%，變色龍型占30%。各類型的人都有他的天賦長才，但是也有他的盲點缺點，如果能夠有所成就，關鍵就在是否有成就自己的企圖心和自信心，以及能否把握、發揮自己的優勢。

　　從這點看來，其實人的成功、幸福與否，是掌握在自己手裡的。我們在人生每個階段均要主動給自己目標，主動的去投資自己所愛的「人」際關係，才可掌控幸福的泉源。

老虎型的生涯發展特性

老虎型特性	競爭性強，具企圖心，主動性強，富積極性。有個性、具創意，果斷力強，喜挑戰性高的工作。實用主義，比較粗線條，專注實際效果，目標管理。
老虎型生涯規劃	中長程生涯規劃建議（中長程是指3年到5年或終生的重要天賦優勢），建議必要配合50%過去的學、經歷，再加上50%成份的行為科學成功領導特質指標。
營業性的工作	推銷、販賣業如保險、汽車、房地產、傳銷、直銷業務，以及各種必須主動開發客戶的營業工作或決策及其它具有開創力大之工作，開發力強，喜外勤工作角色。
範圍廣的工作	管理人才開發、經營企劃、營業企劃、活動企劃、研發調查、研究、業務開發、市場開發等需要的專業知識、凡需求考慮領域較寬廣且不斷改變、變數大，冒險較大的工作性質角色。
開創性的工作	對部門能以整體宏觀的態度處事、具開創力、行動力、創造力等綜合優點，並具開朗自信之特性能提升員工鬥志，勝任新事業開發角色者。

孔雀型的生涯發展特性

孔雀型特性	個性開放；社交力強，有同情心，具高共鳴。 個性外向開朗，積極樂觀，喜口頭透明直接溝通。
孔雀型生涯規劃	中長程生涯規劃建議（中長程是指3年到5年或終生的重要天賦優勢），建議必要配合50%過去的學、經歷，再加上50%成份的行為科學成功領導特質指標。
人際導向的工作	服務、業務、簡報、公關、教育訓練，經常與不特定人為服務對象的工作，如銀行、保險、直銷、觀光百貨、餐飲、電腦諮詢、顧問等工作角色。
營業性的工作	推銷、販賣業如保險、汽車、房地產、傳銷、直銷業務，以及各種必須主動開發客戶的營業工作，或決策及其它具有開創力大之工作，開發力強，喜外勤工作角色。
範圍廣的工作	對部門能以整體宏觀的態度處事、具開創力、行動力、創造力等綜合優點，並具開朗自信之特性能提升員工鬥志，勝任新事業開發角色者。
開創性的工作	管理人才開發、經營企劃、營業企劃、活動企劃、研發調查、研究、業務開發、市場開發等需要的專業知識、凡需求考慮領域較寬廣且不斷改變、變數大，冒險較大的工作性質角色。

名人嘉言

老子說：「知人者智自知者明。」

無尾熊型的生涯發展特性

無尾熊型特性	喜中長程工作持續力強，沈著冷靜，溫厚穩健。樸素、平實、和平、和諧的人際關係。
無尾熊型生涯規劃	中長程生涯規劃建議（中長程是指3年到5年或終生的重要天賦優勢），建議必要配合50%過去的學、經歷，再加上50%成份的行為科學成功領導特質指標。
管理的紮根工作	一般管理企業進入正規情境需提高服務品質與制度的更完備的常規事務或文書及總務、會計管理工作、定型的調查、內部作業行銷調查、內部顧問管理、物流管理、穩定的內勤管理，客戶服務確保品質的管理工作，使事業部進入更安定、穩健的紮根性的貢獻。
人際導向的工作	服務、業務、簡報、公關、教育訓練，經常與不特定人為服務對象的工作，如銀行、保險、直銷、觀光百貨、餐飲、電腦諮詢、顧問等工作角色。
高專業的工作	精確度要求極高的工作職掌或高技術性、高專業性的管理領益鋰，如會計師、財務長、工程師、程式設計師、律師、醫師、建築師、教授、學者、專家、精算師、諮商師、心理師、老師、公職人員、技術精英等。

名人嘉言

孫中山說：「人能盡其才則百事興。」

貓頭鷹型的生涯發展特性

貓頭鷹型 生涯規劃	中長程生涯規劃建議（中長程是指3年到5年或終生的重要天賦優勢），建議必要配合50%過去的學、經歷，再加上50%成份的行為科學成功領導特質指標。
管理的紮根工作	一般管理企業進入正規情境需提高服務品質與制度的更完備的常規事務或文書及總務、會計管理工作、定型的調查、內部作業行銷調查、內部顧問管理、物流管理、穩定的內勤管理，客戶服務確保品質的管理工作，使事業部進入更安定、穩健的紮根性的貢獻。
高專業的工作	精確度要求極高的工作職掌或高技術性、高專業性的管理領益鋰，如會計師、財務長、工程師、程式設計師、律師、醫師、建築師、教授、學者、專家、精算師、諮商師、心理師、老師、公職人員、技術精英等。

變色龍型的生涯發展特性

　　變色龍型因為是兼具前述四種標準的特性，因此變色龍中老虎指標高的就依老虎的特性傾向，其他類型的變色龍也都可以各自找到相對應的生涯發展特性，只是變色龍主要是會跨類型兼具彈性與整合。

　　只要是自己真正的志向，均可克服、突破；任何角色調適的相反個性的專業技巧修鍊要1年到3年的時間。且在25至30歲間的生涯規劃與立志關係重大，年紀愈大，則轉型調適期則需愈長約3年到5年的時間。

3

人際溝通
特質搭配
幸福人生
無往不利

名人嘉言

羅斯福說：「一位最佳領導者，是一位知人善任者，而在下屬甘心從事其職守時，領導要有自我約束力量，而不插手干涉他們。」

老虎型與其他型的溝通相處之道

老虎型（原始本能的）別的型的眼中會看到他的原始特色		
●個人獨角戲	●不是好的聽眾；打斷話題，只聽想要知道的
●只重結果與目的	●沒耐性；喜主控全局
●強烈的英雄色彩	●易用威脅性的去接挑戰

與不同型的 組合滿意度	不滿意		普通		滿意		非常滿意
	1	2	3	4	5	6	7
老虎型對老虎型					V		
老虎型對孔雀型			V				
老虎型對無尾熊型		·		V			
老虎型對貓頭鷹型			V				

＊變色龍型則看圖表中，以其最高指標為依歸

對老虎型的人團隊共識與因應之道：

●就事論事、且速度喜快；自動自發、高創意。

●直截了當的根據對方所問給予『目標或答案』。

●會真心欽佩能力強的人才；英雄惜英雄，如曹操對關公。

●讓他覺得其才華受到重視、且有主導權的舞台。

●勇於面對其衝突所提出的問題理由與觀點。

●不要給其過多的細節或與目標主題無關的限制。

名人嘉言

莊子原文：「在己無居，形物自著。其動若水，其
　靜若鏡，其應若響。…同焉者和，得焉者失。」
莊子譯文：「在你之內，無固定位置；事物有形
　時，便顯露自己。動，如水；靜，若鏡；回應，似
　回聲。與之同化，便和諧；抓住任何一個，便失
　　　　　去。」

孔雀型與其他型的溝通相處之道

孔雀型（原始本能的）別的型的眼中會看到他的原始特色

- ●喜歡引導團體談話的主題
- ●時間管理不好；太重視與人的互動面
- ●太注重個人主觀情緒與影響
- ●認定喜歡共事的夥伴
- ●不是好的聽眾；會急著想要分享或安慰對方，而使對方誤會為不受注視或愛表現

與不同型的 組合滿意度	不滿意		普通		滿意		非常滿意
	1	2	3	4	5	6	7
孔雀型對老虎型				V			
孔雀型對孔雀型						V	
孔雀型對無尾熊型					V		
孔雀型對貓頭鷹型				V			

＊變色龍型則看圖表中，以其最高指標為依歸

對孔雀型的人團隊共識與因應之道：

- ●會主動熱烈愉快地回應；主動幫助組織創造親和與鼓舞的人和環境。
- ●喜提供 "可能" 的創意思想。
- ●使之有機會表達其 "感受"。
- ●引導他進入 "行動方案" 與期限：只在輪到其發言發表，其他時間多寫下別人談的活動重點。
- ●不僅只談 "正直"，也要關懷其感覺—其特色的焦點注意力在於人。

名人嘉言

Linda Hartley：「當身體被滿懷愛意、深深地碰觸，心敞開了，靈魂甦醒了。當心敞開，心靈移動了。當心靈移動，舞之源被感受到了──我們被舞蹈感動，我們受到了呼喚。」

無尾熊型與其他型的溝通相處之道

無尾熊型（原始本能的）別的型的眼中會看到他的原始特色

●和事佬　　●多疑的與慎重的　●好的聽眾
●忍耐性高　●對突來的改變易起直覺的反彈
●不習慣常更新改變或新的事務，與需要比別的型多些時間適應與規劃

與不同型的 組合滿意度	不滿意		普通		滿意		非常滿意
	1	2	3	4	5	6	7
無尾熊型對老虎型			V				
無尾熊型對孔雀型					V		
無尾熊型對無尾熊型					V		
無尾熊型對貓頭鷹型			V				

＊變色龍型則看圖表中，以其最高指標為依歸

對無尾熊型的人團隊共識與因應之道：

●表達你對他的支持部份。

●對改變所要採取的明確的步驟、角色、期待與期限。

●強調為何如此做在中長程而言會更安全。

●留心其肢體語言。

●主動引導、慢慢推進新的主題。

●平實地回應：其不喜誇張與太激烈式的情緒反應。

貓頭鷹型與其他型的溝通相處之道

貓頭鷹型（原始本能的）別的型的眼中會看到他的原始特色

- ●一切以精確為導向怕犯錯　●太重紀律的、沒彈性，不能放寬尺寸
- ●太循規蹈矩、沒變化　●太注意既定的規則　●太重制度、沒彈性
- ●低的流動率、安全感很強，怕風險失敗

與不同型的 組合滿意度	不滿意		普通		滿意		非常滿意
	1	2	3	4	5	6	7
貓頭鷹型對老虎型			V				
貓頭鷹型對孔雀型			V				
貓頭鷹型對無尾熊型				V			
貓頭鷹型對貓頭鷹型					V		

＊變色龍型則看圖表中，以其最高指標為依歸

對貓頭鷹型的人團隊共識與因應之道：

● 提供完整詳細的資料以幫助其適應新的情境。

● 明確的架構步驟、角色、標準。

● 對其質疑要有心理預備，且耐心回答；以幫助其認同參與新的角色。

● 談正事：不要批評他的工作，以免其分心在防衛，而沒參與真正的主題。

● 告知並要求明確的期限時間表與順序。

變色龍型與其他型的溝通相處之道

變色龍型（原始本能的）別的型的眼中會看到他的原始特色

- 老虎型高的是英雄
- 孔雀型高的是外交官
- 無尾熊型高的是和事佬
- 貓頭鷹型高的是會計師

對變色龍型與不同型組合的滿意度，以及別的型對變色龍型的人團隊共識與因應之道，就端看他是哪一類型高，所回歸到他那一型的應對之道。不過千萬記得，變色龍型兼具兩種以上強烈的人格特質，所以你總有彈性，也總有別的對應之道。

　　根據作者多年之諮商經驗，對不同類型的人都可以快樂相處；與父母夫妻親子或上司同屬下的溝通可以沒障礙。

　　溝通的七大內涵自我檢查表：

1. 己所不欲，勿施於人。
2. 己所欲，也勿施於人。
3. 了解對方的需要─檢查前述清單並能了解其人生志向與已經為志向所付出的努力。
4. 除非是對方親自口頭或書面溝通過，否則不亂誤會與邊下結

名人嘉言

有人問印度詩人《泰戈爾》三個問題……

什麼最容易？什麼最困難？什麼最偉大？

「泰戈爾回答說：指責別人～最容易；認

　識自己～最困難；愛～是最偉大。」

論。

5. 即使面對面溝通也還會有誤會，因為不同型的特質，所看與聽的角度也會不同。

6. 隨時自省一請檢查不同型的溝通風格表與深入探討價值觀，即使本身為教授溝通學或推學的專家，也會不斷地在犯錯，因成長背景與每位專家的個性原始型的不同，還是會有很強個人的色彩。

7. 確立完成溝通順暢關鍵一全心承諾、有效溝通，建立共識，全力貢獻、誠意合作，為減少問題的根本之道。

名人嘉言

彼得・德魯克說：「用人不在於如何減少
的短處，而在於如何發揮人的長處。」

4

尋找你的
典範
做快樂成
功的自己

老虎型的典範人物：才略過人的兵家始祖——孫子

**　　他的著作「孫子兵法」縱橫於競爭激烈的現代商場，他的戰略致勝因素與今日企業共識的理念不謀而合。他是用兵如神的——孫子。**

　　國內許多市場行銷專家都曾研究過「孫子兵法」，並從中獲得靈感，運用到與軍事成敗有異曲同功之妙的商場戰爭中。日本人對中國傑出政治人物向來興趣濃厚，常有獨到的分析與見解；而當代的企管大師大前研一所著「策略家的智慧」一書，就是以自己的專業加上對「孫子兵法」的領悟，作為全書的思維主軸。

　　這樣一部影響深遠，至今依然使人受惠的彪炳史冊，其作者孫子，究竟是個什麼樣的人物？他的個性，他的領導風格，又如何促成這樣高人一等的成就？

　　讓我們首先回溯孫子的時代，以便將他早已被抽離時空、跨越到現代的模糊形貌，重新投影到屬於他生活的大環境中，

藉其背景來凸顯他於當時的意義。

吳王識才

　　許多人對孫子的感受如雷貫耳，卻搞不清楚他是那個朝代的人。根據歷史資料，「孫子武者、齊人也。以兵法見於吳王闔閭。」可知孫子約與孔子同時，都是春秋末期的人。他的祖父是齊國大夫，雖為名門之後，卻因為躲避自己族人的謀亂，而獨自流亡到長江下游的吳國，過著隱居田園的生活。

　　在這段沈潛平靜的日子裡，孫子無可避免地受到大環境的影響，對此起彼落的爭戰多所體會，而對兵法興起濃濃的分析研判之意，於是專心從事這方面的研究與著述，並且完成兵法13篇。

　　當時吳王闔閭一心想登臨霸主之位，任用優秀的大臣伍子胥擔任外交顧問與國政諮詢，卻一直找不到適合的將領，展開進攻楚國的戰事。此時與孫子熟識的伍子胥，深知孫子精研兵法，就向吳王推薦。闔閭不但任命孫子為武將軍師，自己也把13篇兵法全部讀過。

　　至此，原為齊國人的孫子在這場因緣際會中，將他的軍事韜略全數貢獻給吳國，以有別於儒家對倫理政治的訴求，而以務實的「富國強兵」之策，與伍子胥共同協助吳王強國治軍，

名人嘉言

老子說：「勝人者有力自勝者自強。」

他的才華與抱負，也得以在動盪考驗中彰顯出價值，令人刮目相看。

關鍵戰役致勝

　　孫子是位具有主控性格的開創型領導者，行事有明顯的任務導向，確定目標後就絕不輕易妥協，對於自己所負責的事情，則不希望因別人干涉而受影響，因此要完全掌握局面。以下一則軼事，可以充份顯示他這種人格特質。

　　吳王闔閭看完孫子的兵法書之後，很想見識一下孫子如何練兵，就在宮中選出180位妾，要孫子試給他看。孫子先把這些深居宮中、不諳戰事的女人分成幾隊，再把號令明清楚，然後擊鼓發號施令；沒想到宮女們覺得好玩，不但不遵守命令行動，還紛紛嬉鬧起來。孫子見狀，認為是大家尚不理解號令的意思與應該遵守的動作，就再解釋一遍。接著重新鳴鼓喊口令，宮女們卻依然故我，不予理會。這回，孫子將擔任隊長的人斬首，以懲罰她們沒有負起帶隊的責任。吳王一見是自己心愛的寵妾，連忙代為求情，但孫子卻回答：「部隊歸我管轄，將領在軍中，君令有命不受。」從此之後，宮女們再也不敢有任何藐視軍令的情況，而服從每一個命令，整齊而有紀律。

　　除了具備權威自信的特質以外，孫子的行事也以策略見

長，身為軍事大將，他的推動力與現場指揮才華亦相當傑出，這使得他成為有勇有謀的善戰者，能夠謀定而後動，掌握最有利的致勝因素。

孫子曾對吳王預測北方晉國六卿滅亡的順序，都準確的應驗，這是他根據田畝大小、稅收輕重、民心向背等所作的分析。也從中看出擴大耕地、充實國庫、改革圖強的迫切性，使吳王採納了他的建議，讓國家先富強起來，再待機攻楚。

約在吳王即位8年後，也就是孫子投效闔閭的6年後，孫子與伍子胥跟隨親自征的吳王，以3萬人大破楚軍20萬眾，直搗楚國首都，使楚國遭到致命的打擊，也使吳國揚威耀武，名顯諸侯，成為威脅齊晉、降服南越的新霸權。

孫子在這場關鍵性的戰爭中，採取「迂迴計」以致勝。在這個策略下，吳軍由水路出發，再轉陸路，先和蔡、唐這兩個遭受楚國欺侮的小邦取得默契，通過其境內，潛行一千多里，迂迴來到楚國東北部，從側面襲擊，結果五戰五勝，震驚了中原。

掌握贏的操控權

孫子的高度主控型個性，也處處流露在他的軍事戰略與戰術上。比如著名的「知己知彼，百戰不殆」，就說明掌握主動

權，以及確實了解敵我雙方實力與心理條件的重要性，如此才能克服自身的弱點，因勢利導，掌握機先，讓敵方處於被動狀態。他強調：「善戰者，致人而不致於人。」以及「料敵致勝」，都是典型的老虎型作風，要永遠為自己的命運取得有利的發展，掌握贏的操控權。

要打贏一場仗，他設計出許多能爭取主動的策略，如佯攻、誘敵、擾敵、怒敵、示弱、離間、疲敵、餓敵、乘虛、先機等，令人不得不佩服他的謀略。而一旦打戰，他主張進攻為主，並且速戰速決，這也顯示他果斷與懾人的氣魄。

有「東方兵聖」之稱的孫子，也是位思想開闊、視野宏觀的政治思想家。在五個戰爭決勝因素中，他把政治之道列於天時、地利、將才、法令管理之上，認為「道者，令民與上同意也。」也就博得士兵與老百姓的支持，才能徵成民氣，出師有名，獲得勝利。這與今日的組織統御領導，講求達成企業上下一致的共識，才能在認同目標下全力以赴，有著不謀而合的理念。

此外他雖然研究出許多上乘而靈活的各戰術，卻不執著於這些枝節有形的戰事，認為百戰百勝不算什麼，能不戰而屈服敵人，才是高明中的高明。可見他能看清兵事只不過是征服別人的手段之一，若能達到稱霸的最終目的，抓住這個大原則，那麼不戰而贏豈不是更好。

　　孫子在出道前以6千字寫成的「孫子兵法」，總共分13篇，分別是：始計、作戰、謀攻、軍形、兵勢、虛實、實事、九變、行軍、地形、九地、火攻、用間，很有系統的記下他的軍事主張及戰略戰術思想，成為先秦兵家的始祖，不僅使吳國以偏隅之地崛起，成就闔閭與繼位者夫差的兩代霸業，他的思想精華，也隨著「孫子兵法」一書流芳百世，受到歷代尊崇。

　　戰國時期的韓非、兩漢司馬遷、三國的曹操，以及唐太宗李世民，都曾對他讚賞不已。「孫子兵洲以」於7世紀就傳入日本，18世紀後，更被翻譯成英、法、德、捷、俄等國文字，如今則由軍事上的應用，轉為商戰中重要的策略參考書，真正成為千古不朽的理論著作。

⊙ 孔雀型的典範人物：熱情開創的激勵者──孔子

他的熱情誠懇、同理心性，使他興辦私學，打破舊有貴族才能入學的成規，成為中國史上平民教育普及化的創始人。

中國文化及思想體系受儒家思想的影響既深且遠，想從中汲取古聖先賢的結晶，其實更應找到源頭，由集大成者──孔子的言論與行迹，以現代人的眼光加以詮釋，並探索其人格特質對一生經歷的影響。

由成功軌跡綜合分析，得知孔子在本性上具有高度的共感，富同情心與高共鳴度，在決定事情時，採取熱誠及說服別人的方式，擅長以不斷的口語傳播來溝通訊息或理念，領導風格則以團隊取向、激勵士氣見長。他是能言善道及具同理心的表達型開創人物。

此外，孔子也具備傾向獨立自由的高開創性人格特質，不喜歡壓抑，直言無諱，並且思想開闊，行事創新、敢冒險。

名人嘉言

老子原文：「歸根曰靜，靜曰復命。復命曰
常，知常曰明。」

老子譯文：「回到根源，是歇息；被稱為回
到自己的命運。回到自身命運，是找到永恆
的法則；知曉永恆的法則，是明悟。」

亂世的道德家

　　眾所週知，孔子所處的時代，中國正由奴隸社會轉型到封建社會，大凡新舊世代交替，青黃不接的時期，總會出現社會病態。而孔子生活的春秋末年，原先作為鞏固奴隸經濟基礎的井田制已經崩潰，各封國諸侯早已不服周天子命令，維繫貴族關係的宗法制度瓦解，因而爭霸戰接連不斷。

　　孔子眼驄當時君不君、臣不臣，一切皆無比的混亂，所以先以「正名」來治標，強調要恢復秩序應先釐清各自名分，讓權利義務有所依循，否則是非不清，將成亂世。其次，他以教育作為建構社會秩序的中長期工程，認為法律只是道德的底線，唯有教育，靠知識分子彰顯義理的真正內涵，才能教化人心。

　　也由於孔子對「正名」的認知，使他基於讀書人對時代的使命感，把自己在亂世中定位為終身的教育家，不斷以熱情及誠意，對弟子諄諄教誨，對各國君主循循告誡，雖在人生中常遇困頓低潮，仍能堅持志向，努力實踐對自身角色的期許。

　　他的開創性格，確實在他教學的過程中斑斑可見。由於古代的貴族掌握了一切資源，連教育也不例外；當時只有貴族才有資格念書，學校都是「國立」的格局。一生以教育為己任的孔子，認為教育應該普及化並且主張有教無類，而成為中國有

史以來平民教育的創始人，主張無論貴對或平民，華夏或蠻夷，都可以入學念書，這種辦學的理念與實踐，對當時與後世，都是一項偉大的貢獻。

一生致力教學與求學

至於教學上，孔子也相當務實，以「因材施教」為基礎，「聽其言而觀其行」，針對不同的學生採取不同的啟發方式，並且「教與學」並重。認為當老師是既要教，也要學，不但要溫故知新，還能學而時習之，一生不間斷地對學問思考與實踐。

哲學家羅素曾於1920年代訪問中國，回到歐洲後寫了「中國問題」這本書，認為中國知識分子否定自己的文化，是因為不了解中國文化的偉大；而他過去所了解的，亦為狹義的中國文化，是西方傳教士存有偏見與誤解，所呈現出來的表象。他認為儒家以德操高尚、知識淵博自許，讓知識分子懷抱偉大的志向與信念，這種人不會墮落，而這樣的民族絕不可輕視。

經過100多年的迷茫與摸索，如今因經濟帶來信心，使我們對文化開始提出反省。所謂溫故而知新，或許這正是我們處於變局、迎接近世紀的契機，同時運用西方最新的系統思考概念，尋根於文化中古老智慧的本質，為未來找出嶄新而自信的

出路。(本文資料來源為我國哲學大師方東美的學生金忠烈,目
前為韓國高麗大學研究所所長。)

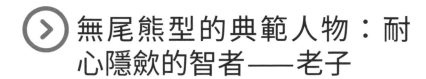

無尾熊型的典範人物：耐心隱斂的智者——老子

他冷靜自持，平易敦厚。著重原始思考，保留而不多言語，主張回復自然本質，返樸歸真，反對用人文矯飾自然。

改革社會與返璞歸真

在世代交替、青黃不接時期，人們總在邁向益常來的新階段以前，駐足思索舊有的價值體系，希望做最好的調整，以便全新出發。

探求存在本質

20世紀末，人們在尋找未來出路時，瀰漫著一股反思內省的風潮，在生活態度上，由於過多的物質慾望，主張自然與心靈修養的「新時代」思潮正流行著，企業界同樣在「扁平化組織」、「激發員工潛能」等有別於傳統的經營理念當中，探求

企業存在真正的本質與目的。

我們發現許多西方知識菁英的論調，有許多與中國思想謀合之處。例如大量　被提出的「人生化管理」，就是古代儒家對「人本」的主張；環保概念，則與二千多年道家回歸自然、返樸歸真的自然主張，而孔子所謂「道並行而不悖，萬物並生而不害」，則是與集大成的整體思想一致。

美國管理大師彼得‧聖吉所著「第五項修練 —— 系統思考」書中的思想架構，就是根植於人們不斷省思內心深處的真正願望，強調尊重個人對未來發展的期許，並建立共同認知與價值觀念；此外，他也重視整體互動，而非局部分析。這種方法，在本質上與過去西方工業發展的途徑完全不同，充滿了對「人本」與「大自然環境」的尊重。

彼得‧聖吉也因提醒中國人，在體悟傳統文化中古老的智慧結晶時，不要重蹈西方人曾犯過的錯誤，步入工業文明高度發展後，就愈唯我獨尊、傲視於自然之上，或者犧牲社會來發展經濟。

中國人漠視傳統文化

國策顧問趙耀東，一方面欣喜西方人對中國古聖先賢思想的肯定，一方面憂心我們的文化在自己的社會逐漸式微，甚至

棄之如蔽屣。

　　現代中國人對自己文化精華的隔閡與漠視，其實是源於清末鴉片戰爭以來的信心全面瓦解，以致全盤否定自己的文化。近100多年來，中國人在「中體西用」、「全盤西化」當中搖擺摸索，以致在東西文化消長中，對西方資訊照單全收，致使我國古聖先賢的智慧與思想，早已成為古董，少有聞問。

　　其實中國文化博大精深，研究起來並不容易，但不可否認，儒家與道家的思想對其影響最為深遠，以最新的「系統思考」模式，則不妨由老子與孔子這兩位重要的中國思想祖師，來探究根源，如果從他們不同的人格領導特質，比較領導風格與為人處世價值觀的差異，將更能有所啟發。

和諧取向的老子

　　首先，透過美國PDP領導特質系統綜合分析的基礎理念，來分析孔子與老子的個性差異，前者屬於外向積極的開創型，後者屬於耐心隱斂的紮根型，兩人大異其趣的性格發展，使一生行迹與作風呈現極大的不同。

　　老子個性上最大的特質是高度和諧取向，他冷靜自持，平易敦厚，柔順而盡可能避免衝突，相對於孔子的行動力旺盛，由實踐體驗中學習，老子則偏重原始思考，保留而不多言，甚

至喜歡獨立獨往，這使得他為當時亂世所開的處方，著重於保持大自然本質，返歸歸真；在政治主張方面，欣賞「小國寡民」、「無為而治」，可以鄰國相望，雞犬相聞，但民至老死，不相往來，是一種反對用人文來破壞大自然的思想。

孔子面對亂世，則提倡「復禮」，他理想中的社會情景，是像周公制禮作樂時期那樣，有各種制度與傳統習俗來維持秩序、架構人倫，使社會安定有禮。對於老子欣賞無知欲，孔子卻把主要精力放在對學生的諄諄教誨，和對君主的循循告誡，一生更以成為人的導師自居，認為上天賦予他的使命必須努力完成，對他自己和學生，都有身為知識份子奉獻社會的深切期許，對改革社會也抱持無比的企圖心與熱情。

老子與孔子的處世態度與思想體系如此不同，是因為他們所繼承的思想根源不一樣。老子師法大自然主義，是承襲夏朝的思想，認為人與神鬼共存，他並不贊同文明，覺得亂世起源自人為的造作，會扭曲自然，因為「名份」是人創造出來的，可以更改，也可以欺瞞，更會被誤用，假借「名份」走偏鋒，成為虛偽不實。後代道家派認為法家即是利用儒家「正名」的觀點，使原本立意頗佳的「法」被利用，成為兵家軍事的高壓統治，在「名」的招牌與包裝下，執行產生偏差，而害苦了百姓。

天觀增加文化韌性

　　周禮中有拜天的儀式，認為天是萬物主宰，也由祈求的體制中表現出對天的崇敬。但老子自然無為的天道觀，認為「人法地，地法天，天法道，道法自然」，他否定天為主宰，主張無聲無形無禮的大自然是超感卻真實存在的，也是宇宙萬物的起源，其本身即是主體。因此人是宇宙間渺小的一員，應該謙卑，不必凸顯自己的偉大，而且切實回歸自然，卻除不必要的人文矯飾，那麼人世紛亂自可回到本有的和諧與規律。

　　由此可見老子對當時的亂象抱著極大的包容與耐性，而他的思想為後世哲學家由不同角度吸收，不僅加強了中華文化的深度與廣度，也增加了韌性，並且影響了宗教習俗。美國紐約時報曾把老子列為全世界古今十大作家之首，可見其受人的重視。由於老子的重樸實紮根與出世作風，使直接接受教的跟隨著並不多；而高超的思想，也僅在受人之請時，寫下唯一的著作「道德經」，對後人來說殊為可惜，對他自己，卻是「不凸顯自己」的最佳寫照。

　　再看看孔子，由於積極開創、執著理想的熱誠，使他這一生始終孜孜不倦，由於他把自己的志向在時空中找到定位，30歲起立下人生大志，並且堅持其信心，遇到挫折考驗也不動搖，因此不但為自己的每一階段開啟新境界，也使直接受惠於

他的人不計其數。

孔、老思想之比較

老子比孔子大約年長30歲，兩都是春秋時代的人，同樣處於由奴隸制過渡到封建制的變革劇烈時代，在這樣紛亂及戰爭連年的環境中，老子主張退守隱居回歸自然，孔子卻以入世教化人心為己任，顯示兩人的處世態度及人生觀有多麼不同。

老子是楚國人，早年曾做過周朝守藏室的史官，如同今日的國家圖書館長。由於經常浸淫在文史典籍中，又是擔任文職工作，對事物經常從事靜態思考，使他往後的思想體系由純知識面做發展與提昇。後來周王朝逐漸衰敗，老子就離開準備退隱。當他西出函谷關時，關令尹喜趕緊請他寫書，於是老子寫了他一生唯一的著作「老子」，總計約5千多字，因為上篇大多談「道」，下篇大多談「德」，後世稱為「道德經」。

從「禮」出發的孔子

孔子則是春秋末年魯國人，出身與老子不同。他3歲喪父，17歲喪母，自幼就過著貧賤生活，曾在貴族季氏門下打工，擔任管理倉庫與畜牧的工作。直到15歲才真正當學生，致

力於對「禮」的學習。他在當禮生時（相當於今日的治喪委員），「入大廟，每事問」，對於拜天祭禮諸多制度與形式，每有不懂之處，都向人求救，問個清楚，他對「禮」的研究相當務實，而非單從知識面做思考。

　　他在15歲到24歲之間，努力求學，並大量蒐集古代文獻，進行統合與整理，然後開始開辦私學，教授學生。由於眼見當時君不君、臣不臣，一切秩序都不復存，所以主張以「正名」來治療文化病，讓各人找到各自的「各份」，以便讓權利義務有所依循。他曾向兩位君主謀求官職，也曾在魯國擔任大司寇，但終究被排擠出去。眼見從政不可能，便決定以教學來實踐恢復社會秩序、提昇人心的理念。

　　孔子興辦私學，在中國社會是項了不起的創舉，由於當時學校皆為「國立」，只有貴族才能入學念書，而他卻成為有史以來平民教育普及化的創始人。

　　由此可見孔子講求平等與共同參與的領導特色，而他這種個性，不但和善樂觀，熱情誠懇，深具同理心，同時也如孔雀般善於表現自己。由於擅長運用口語表達，口才流暢，因此頗能鼓舞人心，成為一名出色的激勵者。

　　但他這種積極外顯的個性，在老子眼中卻有修正的必要。孔子曾到過周王朝所在的洛陽城，向老子請教周朝的禮典章。老子就告誡他：「良賈深藏若虛，君子勝德，容貌若愚。去子

之驕氣與多欲，態色與淫志，是皆無益於子之身。」要孔子懂得內藏，大智若愚。

　　其實孔子強調「正名」，只是治標，他更以「教育」作為中、長期的改造工程，畢竟法令制度只是表象規範，唯有不斷教育，才能真正提昇人的品質。而他的思想核心是「仁」，內容包括「孝悌」與「忠恕」，以此來闡揚人與人之間的相互關係，這也表示在政治關係上，對上要忠，對下或同級要恕（寬容體恤）。而孔子的思想則承襲自周朝，周公制禮作樂，講究嚴格的宗法關係與隸屬制度，使周朝出現「成康之治」的繁榮安康，人文內涵也相當豐美，這令身處亂世的孔子心生嚮往。

儒家以救世為使命

　　勇於開創與表現的人容易受到爭議，孔子在為儒者樹立濟世助人的典範時，同時也有遭人誤解的時候。20歲到40歲之間，是孔子一生最低潮困頓的時期，這時他在眾多弟子傳道授業解惑時，也帶領他們到各地考察、周遊列國，一方面謁見各國君主，推展自己的理念與君王之道。但在宋國，有人因妒恨而想殺他，在衛國，衛靈公聽信他人讒言，使他慌忙離去，在商周則走投無路，在陳蔡也遭到圍困。

　　他很了解許多政治人物因為他的名氣與認真教育的態度而

名人嘉言

生命的價值面：「德國大文豪歌德：凡是
痛苦所留給你的一切，請細細加以回味，
　　苦難一經過去，就變為甘美。」

接見他，但真心接納主張的人並不多，大都是表面應付，為此他感到難過。而弟子們見孔子受到這些委屈，跟隨他要受這些苦，也不禁抱怨，何不當隱士算了，如此反而清高又受人尊敬（隱士在當時相當流行，就像現在許多人學禪一樣）。孔子聽了卻大不以為，認為讀書人怎可放棄在人間的使命，而到深山與鹿為友，過著出世生活！

　　他始終對改造亂世充滿熱情與希望，有一天他在極度低潮之下，興起了到蠻夷之邦的成時頭，弟子們大感不可思議，認為孔子一介謙謙君子，為人師表，受人尊敬，怎可到沒有文明的國家去？孔子卻自信地表現，君子去到蠻夷之地，就會把文明帶去，建立當地的人文素養。

　　比較老子與孔子對後代的影響，到老子由純知識的思考出發，也以「高智性」的思想家在歷史上建立地位，孔子卻是思考與實踐並重，邊教邊學，他的學問非常務實，並且不脫離天地之間，以人世為主體，不出生活的內容。同時他的教學並非統一不變。針對不同的人，「聽其言而觀其行」，真正做到因材施教，對每個人都實際而真正的啟發，是個智性兼感性的教育家。

　　孔子非常重視教育的作用，因此大量閱讀古代典籍之後，並非食古不化，而是親自整理，編纂成教科書，主要以詩、書、禮、樂、易、春秋等「六經」，來作為主要的教學題材；

另外他也不偏廢讀書人對技術與能力的培養，所以還教導學生習「六藝」——禮、樂、射、御、書、數，對教育內容有全面性的認知。

　　他其實並不凸顯自己有多麼了不起，雖然對自己有很高的期許與形象定位，不過孔子與人相處，卻相當講求平等和諧，指出「三人行必有我師」，也經常與弟子們教學相長、互相討論。此外，他對真理、不斷學習也相當執著，教導弟子要「篤信好學，守死善道」，不但認真學習，還要能誓死護衛保全。而他所謂的真理中，「仁」是最重要的一項。

面對生死的態度

　　孔子個性的特質，讓他到晚年對人間依舊十分留戀。他於73歲去世前臥病床榻，弟子前往探視時，發現一生經歷豐富的孔子滿臉憂傷，才知孔子不捨生命的美好與珍貴，他說：「泰山將崩，哲人其萎。」顯見對珍惜人間的真情流露。

　　而老子辭官離開周王朝後，先是出關過著隱士出世的生活，晚年則躬耕授徒，過著自給自足、與世無爭的日子。「史記」記載他活了一百多歲，由於他無為無欲的生活態度，並且遠離人世的紛亂擾攘，修道養生，因此有人說他活得更長久。

　　由比較老子與孔子的個性與作風，我們不難悟出每個人生

命本質對處世態度與觀念的影響。但無論開創型或紮根型,活潑熱誠或老成持重,只要發揮自己的潛力,不自我設限,都可能做出貢獻。此外,由儒道兩家學說思想當中,也發現其中的主張與現代人所強調的理念確有許多謀合之處。所謂溫故知新,這或許是我們在汲取古老智慧結晶時,不能忘記的學習態度,而追本溯源的思考方式,更為迎接新世紀時找到嶄新的契機。(本文資料來源為韓國高麗大學研究所所長金忠烈,其為我國哲學大師方東美之入門弟子。)

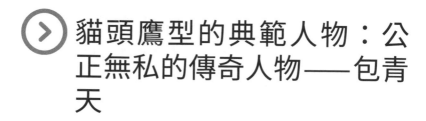 貓頭鷹型的典範人物：公正無私的傳奇人物——包青天

　　「誰再來勸我，我就連他一起鍘」，執法如山的包青天，是中國歷史上耳熟能詳的正義化身。多少冤情冤獄獲得平反，多少無頭公案因而偵破，屬對少皇親權貴鍘鐺入獄。一個集救世主、福爾摩斯與大法官特質於一身的人，是怎麼澄清吏治成為民間英雄的呢？

　　包青天這位家喻戶曉的傳奇人物，究竟是具有什麼樣的個性氣質呢？按照美國領導管理研究中心的領導特質分析，包青天可以說是一位冷靜、理性、守紀律的貓頭鷹。

貓頭鷹中最凸顯的領導典範

　　一般來說，屬貓頭鷹的人生性比較保守、不喜歡變動，是典型的守成者，大多數開創者身邊的左右手，屬於技術官僚者

多為貓頭鷹，他們的特色是埋頭苦幹、忠貞不二，長處在於深入且專精而不在博。大部份的貓頭鷹是默默奉獻，因此不是好出風頭的人物，而包公的故事可以如此的歷久彌新並廣受歡迎，可以說是其中最成功最凸顯的典範。

高遵奉性的人通常是傳統價值觀的維護者，為人正直分明、操守佳、處事嚴謹、絕不循私；但也因為凡事要求照制度標準，重視執行細節，故對於改變，採取戒慎恐懼的心情，對創新的意見常抱持質疑的態度。如果驗證包公的生平事蹟，他確實屬於貓頭鷹型的領導人；例如：一、他斷案明察秋毫決不誤判，既不縱放壞人，也不冤枉好人，所以有冤獄的人，一定要找包公平反冤情。二、他執法如山、是非分明、六親不認，根據法律徹底執行，沒有雙重標準，即使皇親國戚犯法也一視同仁。

包公徹底發揮法律的公信力，破除官官相護的惡習，試圖在君主專制社會中，建立法律之前人人平等的制度，而成為中國社會中一個人人嚮往的典範。

一般而言，高遵奉性的人在現代社會的角色扮演，最適合擔任法官、律師、會計師、精算師、建築師、醫師等，需要高專業、高知識、高精確度的職務，因為他能把這些職務所需要的精確度要求，達到最完美的程度。

除了處事嚴謹，講求精確之外，包拯另一項領導特質是支

配性強，請求目標導向，行事果斷。他善於解決複雜的問題及挑戰，精力旺盛，對於現有的資訊能很快的做出決斷。這種人強調就事論事，而不太在乎別人的感受，故能擺脫一些人情的包袱。例如在「鍘美案」中，包公很強硬的說：「誰再來勸我，我就連他一起鍘」，這充份的顯示他行事果斷不受人影響，同時也敢於挑戰權威。

心思縝密；性格如鋼；執法如山

在辦案時威風凜凜的包拯，其實並不是一個喜歡出風頭的人，包公的表達性偏低，基本上他不太容易相信別人，有強烈保護自我隱私的傾向，不輕易向人吐露心聲，也不輕易被人說服。他喜歡安靜的獨處，追求的是內在的自我實現，而不是一個善於自我推銷的人。

我們所熟知的，包公辦案經常是悄然而行，私訪各地，除了四位護衛之外，很少大張旗鼓的查案，事實上，低表達性的人守密工夫獨到，對於查案助益甚大。

耐久性方面，包公屬中等程度，也就是該有耐心的時候他能等待，而該快的時候他又能立刻行動。包公在辦案的過程中，即使遇到棘手的案子也不躁進，他會先仔細的思考所有的蛛絲馬跡後，再派人分頭查訪，甚至設下陷阱，一步一步誘使

主謀者自露其罪證。但證據收集到某個階段，或是時機稍縱即逝時，他也會當機立斷的明快處理。

　　通常高遵奉型的人，事務性的能力最強，但包公卻是一個異數；在執行力、策略規畫力及事務性三種能力上，包公卻是執行力最強，策略規劃居次，事務性能力最弱。不過這三者雖互有高低，但彼此強弱程度差異不大，可以說是相當均衡的發展。

　　包公的執行力，可見於他的執法如山，徹底執行法律的決心，像他這樣的個性應該不只是一位技術官僚，而是技術官僚中的政務官。另外，在辦案時包公也經常不用傳統的思考模式，而採取逆向思考並善用策略，以奇計誘使主謀者現出原形。特別是包公的身邊還有一位足智多謀的師父公孫策，策略規畫很強，兩人搭配破了不少奇案。事務性能力包公雖稍弱一些，但他不需要自己親自執行，只要心思細密的抽絲剝繭，把案情理出頭緒來就可以了。

　　當然，辦案講求的是證據，但包拯的決策思維其實是屬於直覺性，有時案情陷於膠著的時候，包公也勇於大膽的假設，再配合小心的求證，很可能有意料之外的結果。有許多的冤獄，包公可能只憑直覺和經驗，「嗅」出情況有異，才得以讓沉冤昭雪。

宋仁宗御賜寶劍，包青天澄清吏治

　　包公的個性特質讓他得以在工作中充份的發揮，可以說是適才適所，但之所以有包公的誕生，北宋仁宗也是功不可沒。以包公所處的時代，主要仍靠科舉制度才有出頭的機會，包公也一樣經過一關又一關的考試得中進士，才有機會為朝廷服務。但由此可知，包公在學識基礎上的能力相當強。

　　包公高中進士時，適逢北宋仁宗當政，一心冀望澄新吏治，他慧眼相中包公，由他來維持法律的秩序，根據非正史資料記載，仁宗御賜尚方寶劍，准包公先斬後奏。

　　因此，要說包公打擊不法的決心，也不能忽略仁宗所賦與的尚方寶劍，因為有仁宗的賞識重用，包公才能在　「時勢造英雄」的環境下脫穎而出，把高遵奉型的特質發揮得淋漓盡緻。

　　值得注意的是，仁宗當政時國家尚稱安定，因此高遵奉性的人可以埋頭苦幹，致力於制度的落實，是領袖身邊最佳的幕僚人員，包公如果處在一個動亂的時代，需要的是變法圖強的人才，則個性保守，強調遵守規則行事的包公，可能會覺得格格不入。

　　高遵奉型的人可以說是「蕭規曹隨」的最佳守成者，而不適合擔任開疆闢土的工作。如果把這種觀念用在現代的企業管

理上，高遵奉性的人可能不適合帶領業務部門，但負責製作或品質把關的人，則非他們莫屬。

若以團隊的發視展而言，如果部門主管是高遵奉性，而部屬是高支配性，則部屬可能會覺的難以發揮，或是對長官的高精確度要求覺得難以適應，但如果部屬也都屬於高遵屬性，則可以成為完美的組合。對照包公的成功，師爺公孫策、護衛展昭、王朝、馬漢等人，個個都是要求精確度高的查案高手，因此他們能成為一個搭配完美的團隊。

高遵奉性的人，事事講求精確準則，雖然開創性不足，但卻能在紮根上有所貢獻。例如近代日本在科技上雖然創新不多，但卻能善用別人的創新加以改良，而成為商場上的常勝軍，就是一個很好的例子。在亂世需要開疆闢土的大將軍，在治世懂得落實制度的貓頭鷹，則是不可或缺的人才。

理性的智者

屬貓頭鷹的人通常是理性的智者，社會的菁英份子，例如中國傳統的士大夫，或是皇帝的老師，通常屬於這類的個性特質。他們重視維護傳統制度與價值觀，強調紮根，是國家的中流砥柱，會在自己的工崗位上默默耕耘。

美國故總統甘迺迪曾說過一句話：「不要問國家能為你做

名人嘉言

愛因斯坦說「：沒有科學的宗教是盲目
的，沒有宗教的科學是危險的。」

什麼，要問你能為國家做什麼。」這種做事的態度，正是貓頭
鷹的本性。而這種默默耕耘的個性，也使貓頭鷹很少成為眾人
矚目的焦點，因此，包青天能夠廣為人知可說是貓頭鷹中的異
數。

　　但具有貓頭鷹個性的人，也會有兩極化的發展方向，一種
會默守成規，變成一個不願意有任何變化的保守份子，過份的
強調維護傳統，反而阻礙了國家的發展。

　　另一種則是在專業上精益求精的人，有時反而可以主導改
變。如果高遵奉性的貓頭鷹，同時又具有低耐心性的性格，則
會比較重視時代的脈動，願意學習新事物，可能的改變也就往
往因此由其主導發動。

⊙ 變色龍型的典範人物：整合資源盡忠謀國——諸葛亮

被劉備稱為魚水之交的諸葛亮，能協助其擺脫寄人籬下的弱勢，最終形成與曹操、孫權三足鼎立局面，畢竟不是簡單的人物。究竟，足智多謀的孔明是怎樣的一個人？他的個性特質又如何影響後來的發展呢？

「合久必分，分久必合」的三國時代，是中國上古與中古的分水嶺，它與春秋戰國時代一樣，因為多少英雄豪傑在戎馬倥傯的動盪中輝映著多變的人性，而豐富了歷史，供後人無限的想望與憑弔。

在三國故事中，魏、蜀、吳分據天下，曾出現無數赫有名的政治人物與軍事將領，他們各事其主，奉獻生命的菁華，其中為蜀漢鞠躬盡瘁、死而後已的諸葛亮，不但身顯當世，更揚名於後代。

能在死後1760年依然擁有眾多的「諸葛迷」，除了歷代統

治者衷心讚美他的忠誠不二外，也因為他「上知天文，下知地理」的博學智慧，以及研判形勢的的神機妙算。相傳他率軍出陣時，總是乘著白色馬、圍青巾，手持白扇來指揮三軍；他有儒家的思想，作人講求忠孝仁義，執政時用的都是法家方法，崇尚法治，賞信必罰，為了完成劉備恢復漢室的遺忘，他主動出兵攻打魏國，死後依然贏得敵方的尊敬。

曲折的年代、不順遂的生活經驗

　　以美國PDP領導特質系統綜合分析作為探討有關孔明史料的基礎，發現這位一代軍師擁有優越整點能力的變色龍型性格。他的角色扮演，完全根據組織要求或所在的環境來整合與應變。他的彈性與適應力很強，不會有特別的個人意識，能夠兼容並蓄，是非常稱職的外交協調高手，不會有特別的個人意識，能夠兼容並蓄，是非常稱職的外交協調高手，由於以中庸之道行事，在人際互動時不走極端，因此對不同年齡、背景的人，具有整合號召的能力。

　　孔明這種性格，很適合在錯綜的環境中處理複雜的事務，而在打天下的開創時期，將成為統治者身邊最倚重的幕僚。

　　對照他的成長經歷，這種如變色龍般充分適應環境的個性，可謂其來有自。

　　根據史料記載，孔明出生於後漢建國一百多年後的衰退期，國內外叛亂迭起，先後發生黃巾之亂、袁紹計畫殺宦官、董卓廢帝等除惡之事，不僅朝政瓦解，農民也受到豪族的經濟迫害。他的祖先雖為北方名望之族，但由於母親與父親先後在他10歲和12歲時去世，很早就失去庇護與照顧。性格早熟的他，便帶著弟妹投靠在荊州任官的叔父，也就是從現今的山東流徙到湖北江西一帶。

　　很不幸，叔父在權力鬥爭中慘遭殺害，這時約17歲的孔明傷心無奈之餘，就在隆中蓋了茅草屋，過著自給自足、邊耕邊讀的隱居生活。

　　缺乏安定的生活與投靠親戚的日子，使聰慧的孔明很早就培養出適應環境、避免與人衝突對立的處世態度。隆中距離大陸要衝的名城襄陽約8公里，是一處森林茂密的小山丘，孔明在此地住了10年，一方面逃避紛亂的政局與險惡的人心，一方面在撫慰受創受苦的心靈之餘，結交了許多有才華的人，一起研究學問、討論天下大事。這時的孔明，已是胸中自有丘壑，志在天下了。

　　由於當時的學習風氣仍然保守，讀書方法以精熟死記為主，但孔明卻不像同學那樣不求甚解或鑽牛角尖，而是「觀其大略」，很能把握書中要點，抓住大綱，而並不死讀書。當別人懷念北方老家時，他則勸阻說：「中國士大夫熬遊，何必故

鄉邪？」後來事實也證明，華南一帶的地位越來越重要，足見孔明開闊不受限的性格。而當別人認為若擔任刺史、邵守之類的地方官已經很了不起時，他卻懷抱豪情，暗自向管仲、樂毅這些古代名相看齊，希望有朝一日能輔佐君主治理天下。

出色的外交才華

被史家形容為「一表人才、俊偉軒昂」的孔明，由於英才之名，有望鴻圖大展，被別人取了「臥龍」的別號。

由上述中，可見孔明隱然於中庸之道的整合型性格中，又以胸懷大志、優越自信的較高支配特質，以及不受傳統束縛、獨立自由的較高開創性的特質為次要屬性。他的天份與能力，在遇到劉備時，找到了發揮優越、施展抱負的契機。

無權無勢的劉備，憑著自身的才幹與練達的智謀得到擁護並崛起，此刻雖擁有第一線指揮官及行政、財務人才，但自他揭竿起義以來20多年，始終沒什麼進展。47歲的他，深知尋得具備政治號召力與厚望所仰之人的迫切行，於是積極拜訪。當他遇到所景仰的徐庶時，徐庶則力薦他的同學好友孔明給劉備，說孔明這人如蟄伏的蛟龍，不出來則已，一旦出來，必能轟轟烈烈成就大事。

歷史上有名的「三顧茅廬」，說明劉備在寒冬大雪中招攬

天下菁英的誠意與決心，也讓27歲孔明脫離隱居生涯，展開英雄造時勢的全盛時期，並且走進三國風雲之中。

　　孔明在為劉備分析天下大勢時，指出不可與擁有百萬民眾、挾天子以令諸侯的曹操正面衝突。對於據守險要形　勢，內有能臣、外有良將的孫權，要拉攏而非與之為敵；他建議劉備以區區幾千名部將，應該先安定荊州，占領益州，作為日後發展的根據地。由此可見他掌握環境、識時務的根本個性。

　　具有變色龍型特質的人，是天生的談判協調人才，由於泰然自若、措辭得宜，也會是一位出色的外交人員。孔明這方面的才華在投效劉備一年後有了發揮的機會。為了抵擋曹操大軍南征荊州，他到東吳與孫權會面，請孫權共同出兵。原本並無併吞天下野心的孫權，始終對蜀魏的發展存觀望態度，見孔明來求救兵，先是質疑劉備為何不投降算了，一會兒又擔心蜀漢兵力有限，結果都被孔明的雄辯與分析一一說服，終於以「赤壁之戰」的火燒連環船大敗魏軍，粉碎了曹操統一天下的大眾，也確定了劉備在荊州的勢力。

　　孔明在這關鍵一戰中，同時也結交許多國的名士，不久後，劉孫因勢力衝突而對立交惡。直到劉備死後，孔明受遺託主掌內外，才重新促進吳蜀友好關係，讓孫權與魏國斷交，與蜀漢結盟，並且與吳國大使張溫結為金蘭，從此之後到蜀漢滅亡，兩國一直保持同盟關係。由此可見孔明靈活魅力的外交藝

術是多麼成功。

獨挑蜀漢大樑

　　像他這樣個性的人，一旦找對效忠者，即時時以不負組織期望自許，自始至終都會善盡人臣之義，為國家目標全力扮演好自己的角色，無怨無限。

　　他對外採取聯合吳國抵抗魏國策略，並專心對內勵精圖治，讓劉備南征北討時無後顧之憂。他是名優秀的管理者，可以發揮全功能、內外兼備的治理能力，他也確實總攬國政於一身，從軍糧器材調度、擬訂統治豪族計畫，到回覆武略的輔佐責任，也由他肩負，形成一人獨當國家大計的辛苦局面。

　　劉備在稱帝後兩年去世，身為丞相的孔明，既受託為最高統治者，又要輔佐無才無德的幼主阿斗，責任更加重大。他首先揭示施政理念，表示他在決策前一定集思廣益，充分檢討後再取中庸意見。其次大開晉用人材之門，延攬地方名望的學者參與政事，一些地方大老也對他鼎力相助。他也致力獎勵農業生產，推行屯田政策，並且加強軍事訓練，改進武器與軍輸工具。對於西南少數民族的叛亂，耐心安撫，除了以七擒七縱贏得首領孟獲的心悅誠服，並用其族人為官，將士民編入蜀漢軍隊，鼓勵他們發展經貿。孔明的政治才華與整合資源的能力由

名人嘉言

馬克吐溫說「：生命如此短暫，我們沒有時間去互相爭吵，道歉，發洩責備，時間只夠用來愛，可它又只有一瞬間，令人惋惜。幸福美滿的生活是建立在好的人際關係上！」

此可見。

　　解決了內憂之後，開始部屬北伐魏國，以完成劉備中興漢室的未竟之志。經過一年的整頓備戰，這時47歲的孔明以一篇家戶喻曉的「出師表」表達對蜀漢的忠肝赤膽，在後主下令出兵後，踏上了北伐之路。8年間，他雖取得一些小勝利，畢竟敵不過擁有強大後備支援的魏軍，而在54歲病死於五丈原軍中。

　　至此，我們已勒勾出孔明轟轟烈烈卻又勞頓無比的一生。其高風亮節的人格、盡忠職守的義膽，以及神機妙算的智慧，留予後人豐富的形貌而永垂青史，此外，我們也對他靈活應變、整合內外情勢的政治手腕，獲得具體的驗證與啟發。

人生顧問 246

當無尾熊遇到老虎
認識自己的天賦特質

作　　者——張曼琳
編　　輯——林菁菁
封面設計——楊珮琪／Freepik
內頁設計——菩薩蠻數位文化
董 事 長
　　　　　——趙政岷
總 經 理
出 版 者——時報文化出版企業股份有限公司
　　　　　　一〇八〇三　臺北市和平西路三段二四〇號三樓
　　　　　　發行專線－（〇二）二三〇六六八四二
　　　　　　讀者服務專線－（〇八〇〇）二三一七〇五・（〇二）二三〇四七一〇三
　　　　　　讀者服務傳真－（〇二）二三〇四六八五八
　　　　　　郵撥　－一九三四四七二四　時報文化出版公司
　　　　　　信箱　－臺北郵政七九至九九信箱
時報悅讀網－http://www.readingtimes.com.tw
讀者服務信箱－newlife@readingtimes.com.tw
時報愛讀者粉絲團－http://www.facebook.com/readingtimes.2
法律顧問－理律法律事務所 陳長文律師、李念祖律師
印　　刷－勁達印刷有限公司
初版一刷－二〇一六年十月七日
定　　價－新臺幣二二〇元
（缺頁或破損的書，請寄回更換）

時報文化出版公司成立於一九七五年，
並於一九九九年股票上櫃公開發行，於二〇〇八年脫離中時集團非屬旺中，
以「尊重智慧與創意的文化事業」為信念。

國家圖書館出版品預行編目資料

當無尾熊遇到老虎：認識自己的天賦特質 / 張曼琳作. -- 初版. -- 臺北市：
時報文化, 2016.10
　　面；　公分. -- (人生顧問; 246)

ISBN 978-957-13-6786-6(平裝)

1.自我實現 2.成功法

177.2　　　　　　　　　　　　　　　　　　105017231

ISBN 978-957-13-6786-6
Printed in Taiwan